O Pensamento Nacionalista Autoritário

Boris Fausto

O Pensamento Nacionalista Autoritário

(1920-1940)

ZAHAR

Capa
Sérgio Campante

Ilustração da capa
Arquivo Clemente Mariani (CM023), Arquivo Gustavo Capanema (GC267), Arquivo Augusto do Amaral Peixoto (AAP029). CPDOC/FGV.

Vinheta da coleção
ilustração de Debret

Composição
TopTextos Edições Gráficas Ltda.

Impressão sob demanda
UmLivro

Papel
Offset, Suzano S.A.

CIP-Brasil. Catalogação na fonte
Sindicato Nacional dos Editores de Livros, RJ

F222p Fausto, Boris, 1930-
O pensamento nacionalista autoritário: (1920-1940) / Boris Fausto. — 1ª ed. — Rio de Janeiro: Zahar, 2001.
(Descobrindo o Brasil)

Inclui bibliografia
ISBN 978-85-7110-600-0

1. Autoritarismo. 2. Autoritarismo — Brasil. 3. Totalitarismo. 4. Totalitarismo — Brasil. I. Título. II. Série.

00-1488
CDD: 321.9
CDU: 321.64

[2020]

EDITORA SCHWARCZ S.A.
Praça Floriano, 19, sala 3001 — Cinelândia
20031-050 — Rio de Janeiro — RJ
Telefone: (21) 3993-7510
www.companhiadasletras.com.br
www.blogdacompanhia.com.br
facebook.com/editorazahar
instagram.com/editorazahar
twitter.com/editorazahar

FSC
www.fsc.org
MISTO
Papel produzido a partir de fontes responsáveis
FSC® C128038

A marca FSC® é a garantia de que a madeira utilizada na fabricação do papel deste livro provém de florestas que foram gerenciadas de maneira ambientalmente correta, socialmente justa e economicamente viável, além de outras fontes de origem controlada.

Sumário

Introdução

O tema deste pequeno livro pressupõe o esclarecimento prévio de alguns pontos. Em primeiro lugar, devemos traçar o conceito de autoritarismo, distinguindo-o de outros conceitos, em especial o de totalitarismo. Depois, é necessário tentar analisar os casos distintivos concretos, tanto no Brasil quanto no mundo em geral.

A criação do conceito de totalitarismo nasceu da necessidade de identificar a nova forma de regime que surgiu no século XX, não-enquadrável nas antigas designações de "despotismo" ou de "tirania", de tal modo que a palavra nasceu da coisa. A coisa corresponde à instituição de regimes que visam a sujeitar a sociedade nos moldes de um Partido-Estado, cujo chefe é fundamental, seja no sentido da referida constituição do Partido-Estado, seja no estabelecimento de laços emotivos com as massas, a partir de uma figura carismática. Daí a afirmação de que os regimes totalitários têm características revolucionárias, ao contrário do tradicionalismo, ou das várias formas despóticas.

Por sua vez, o regime autoritário — produto também das condições políticas vigentes no século XX — caracteriza-se, negativamente, por menor investimento em todas as esferas da vida social; pela inexistência de uma simbiose entre Partido e Estado, sendo o primeiro, quando existente, dependente do último; pelas restrições à mobilização das massas. Um dos traços básicos do autoritarismo consiste na relativa independência que preserva a sociedade em relação ao Estado: a autonomia de algumas instituições, em especial as religiosas, e de uma esfera privada de pensamento e de crença, embora apenas tolerada. O autoritarismo tende a ser mais conservador, ligado às tradições do passado, enquanto os regimes totalitários buscaram, nesse mesmo passado, seus elementos míticos e heróicos, como é o caso das lendas germânicas sobre os heróis guerreiros, ou dos tempos gloriosos do Império e da *pax romana*.

Passando do conceito à prática, convém ressaltar que não é fácil distinguir entre regimes totalitários e autoritários. Isto porque, como diz François Furet, em ambos os casos, lidamos com tipos ideais, cujos traços não estão integralmente presentes nas várias situações concretas.

Se percorrermos os principais autores que discutiram, na prática, a natureza dos regimes antidemocráticos que imperaram no século XX, constataremos que existe apenas uma unanimidade: a de conferir ao nazismo a caracterização de regime totalitário. A propósito do fascismo italiano, um bom número de autores sustenta que, se ele teve características de um movimento totalitário antes da tomada do poder, acabou se transformando em um regime autoritário mobilizador. Com relação à União Soviética, cabe lembrar a ressalva, ao que me parece solitária, de Eric Hobsbawm. Para o historiador inglês, é no mínimo duvidoso falar-se nesse caso em totalitarismo, pois o regime não só não teria exercido o controle do pensamento como teria despolitizado a cidadania, em grau surpreendente.

É obvio que a dificuldade em se identificar os regimes totalitários tem incidência na identificação dos regimes autoritários. Estes, além disso, podem ser distinguidos por suas características mais ou menos conservadoras, constituindo um amplo agrupamento em que se incluem, com marcas próprias, o salazarismo, o franquismo, o regime de Pilsudski na Polônia, o breve governo de Dolfuss na Áustria etc.

No caso brasileiro, a distinção entre totalitarismo e autoritarismo foi afirmada claramente, tanto no terreno das idéias, quanto no da ação. Em um livro destinado a ressaltar as virtudes do autoritarismo e do Estado Novo, intitulado *O Estado autoritário e a realidade nacional,* um dos mais significativos ideólogos autoritários — Azevedo Amaral — concentrou, em termos candentes, a principal diferença entre os dois regimes, nas relações entre a pessoa individual e o Estado. Vale a pena ouvi-lo:

> O Estado autoritário não é, como se poderia julgar à primeira vista, aquele em que a organização estatal abrange na sua esfera de atuação o conjunto da vida coletiva da nação ... O que define o totalitarismo, no sentido peculiar que a essa expressão lhe deu o fascismo, não é portanto a extensão do poder estatal, mas a natureza compressiva, absorvente, aniquiladora da personalidade humana, que imprime às instituições fascistas um aspecto repelente, tornando-as tão incompatíveis com todos que prezam a dignidade do espírito.

Em contraste, ainda nas palavras de Azevedo Amaral, "o Estado autoritário baseia-se na demarcação nítida entre aquilo que a coletividade social tem o direito de impor ao indivíduo, pela pressão da maquinária estatal, e o que forma a esfera intangível de prerrogativas inalienáveis de cada ser humano".

Também escrevendo no curso do Estado Novo, em *O idealismo da Constituição*, Oliveira Viana demarcou as esferas do totalitarismo e do autoritarismo, manifestando-se contra a criação de um partido único no Brasil, dadas as características psicossociais de sua população:

> Não há em nosso povo, na sua psicologia coletiva, condições para a constituição de uma mística viva e orgânica, uma mística que se apodere da alma nacional e a mova em um sentido nitidamente determinado, para um objeto preciso — como o nacionalismo imperialista dos italianos de Mussolini ou o nacionalismo racista dos alemães de Hitler. Uma pequena coorte ou falange de homens de elite poderá, aqui, tomar-se de uma mística e agir no sentido dela; não um partido, mesmo que ele represente uma minoria da Nação e seja o único partido militante.

Mais adiante, Viana oferece a fórmula ideal para as condições brasileiras: "Do que precisamos é do Presidente único. Isto é, do Presidente que não divida com ninguém sua autoridade; do Presidente soberano, exercendo, em suma, seu poder em nome da Nação, só a ela subordinado e só dela dependente."

A insistência na diferenciação entre regimes totalitários e autoritários não ocorreu apenas em conseqüência de uma espécie de maturação ideológica, ou da influência de pensadores europeus, mas foi também uma imposição dos acontecimentos políticos. A implantação do Estado Novo, em novembro de 1937, por meio de um golpe que transformou Getúlio Vargas de presidente da República em ditador-presidente, impulsionou os ideólogos do regime a estabelecer distinções, com objetivos práticos. Tratava-se não só de esclarecer os métodos e as finalidades da ditadura estadonovista como também de separar o governo Vargas do movimento fascista, encarnado pela Aliança Integralista Brasileira (AIB). Note-se, de passagem, que, após uma aproximação ditada por interesses comuns, entre o governo e a AIB, Vargas negou o acesso dos integralistas a cargos ministeriais — o líder Plínio Salgado almejava principalmente o Ministério da Educação — e cortou as asas das mobilizações fascistas. Como resultado, em março de 1938, um grupo desesperado de integralistas tentou, sem êxito, desfechar um golpe contra o Estado Novo.

Além dessa circunstância, convém notar o contexto das relações internacionais. Apesar da atitude francamente germanófila de alguns de seus expoentes — o caso mais típico é o do então general Dutra —, o governo Vargas nunca apoiou abertamente o nazi-fascismo, seja no plano doutrinário, seja na prática. No âmbito interno, a "germanização" do sul do país, onde se fundara um partido nazista e onde proliferavam escolas e uma imprensa de língua alemã, foi duramente reprimida, a ponto de dar origem a queixas do embaixador alemão. De fato, o Estado Novo equilibrou-se por algum tempo entre dois campos, até a entrada do Brasil na guerra, ao lado dos Estados Unidos e da Inglaterra, em agosto de 1942.

Marcadas as diferenças entre autoritarismo e fascismo, passemos a examinar o contexto sociopolítico da emergência e ascensão de um pensamento autoritário no Brasil, com implicações no terreno político. Como se sabe, no mundo europeu, o prestígio das idéias "revolucionárias" de direita e a implantação de regimes autoritários e fascistas tiveram origem nas novas realidades que se desenharam na Europa, após a Primeira Guerra Mundial. O ressentimento dos derrotados — a Alemanha em primeiro lugar — e o espectro das mobilizações operárias e do comunismo na Itália e na Alemanha facilitaram a circulação e o prestígio das ideologias de direita, em seus diferentes matizes.

Apenas a Inglaterra e alguns poucos países de menor expressão estiveram imunes a essa vaga ideológica, graças ao enraizamento de suas instituições democráticas. Na França, a Revolução Francesa, que sacudiu o país e o mundo, universalizando os ideais de liberdade e igualdade, teve como resposta o surgimento de correntes tradicionalistas ou revolucionário-conservadoras. É o caso de pensadores como Bonald e Joseph de Maistre (que aliás não era súdito francês), e sobretudo de Charles Maurras. Maurras foi a figura principal da "Action Française", fundada em 1889, movimento que teve papel importante nas mobilizações de direita, ao longo das primeiras décadas do século XX. Muito influente entre os autoritários argentinos, Maurras não teve entretanto influência tão pronunciada em nosso meio.

No caso de um país periférico como o Brasil, a emergência de idéias autoritárias se deu, nos anos 1920, na vigência de um regime oligárquico-liberal, que ganhou forma com a proclamação da República (1889). O liberalismo foi associado às práticas oligárquicas, que pressupunham a fraude eleitoral, a escassa participação política da população e o controle do país pelos grandes estados, enfraquecendo o poder da União.

Correntes críticas, com conteúdo e objetivos diversos, opuseram-se ao sistema político dominante. Com o risco de incorrer em simplificações, poderíamos identificar, em grandes linhas, a corrente de esquerda, inspirada na União Soviética, a liberal-democrática, tendo por objetivo instaurar instituições verdadeiramente representativas no Brasil — pela via do voto secreto, da constituição de uma Justiça Eleitoral e da educação do povo — , e a corrente da direita, com suas ramificações, que nos interessa de perto.

Uma questão prévia deve ser enfrentada, apesar da dificuldade da resposta. Serão "direita" e "esquerda" noções que fazem sentido para diferençar regimes políticos, tendo portanto uma consistência que vai além da retórica? A resposta me parece ser afirmativa, com a ressalva de se fazer algumas qualificações.

Comecemos lembrando que essas noções não constituem abstrações imutáveis, aplicáveis a qualquer situação histórica e a qualquer país. Mais ainda, pelo menos uma parte de seus conteúdos transita da direita para a esquerda e vice-versa, o que significa a impossibilidade de se estabelecer fronteiras rígidas do espectro político. Tendo em vista essas ressalvas, autores como René Rémond, ao lidar com a questão, preferem falar em "direitas" no plural, distinguindo umas das outras para maior clareza. Rémond introduz pontos de gradação — o centro, o centro-direita, o centro-esquerda —, recusando um esquema binário que lhe parece não dar conta da fisionomia das diversas correntes políticas.

Passando ao contexto brasileiro, a partir das primeiras décadas do século XX, para estabelecer uma data, podemos identificar alguns princípios comuns a um leque de correntes que, por suas concepções, formam o espectro político da direita. Os principais deles me parecem ser a defesa de uma ordem autoritária, a repulsa ao individualismo em todos os campos da vida social e política, o apego às tradições, o papel relevante do Estado na organização da sociedade. Esse recorte exemplificativo deixa portanto de incluir a ideologia liberal, mesmo a mais conservadora na "família da direita", dadas suas concepções sobre a soberania e a representação.

O nacionalismo merece uma consideração especial, tendo em vista a designação de nosso objeto: nacionalismo autoritário. As razões de sua ausência entre os elementos que constituem o campo da direita no Brasil devem ser explicitadas. Convém lembrar, desde logo, que a ideologia nacionalista representou na Europa ocidental um claro exemplo de passagem de um elemento definidor que circulou de um campo para outro. A idéia de nação integrou as correntes revolucionárias européias, entre as últimas décadas do século XVIII e meados do século XIX, que lutavam contra o absolutismo monárquico. Os ideais nacionais associavam-se assim aos novos princípios de liberdade e igualdade que deveriam definir as relações entre os indivíduos e entre os povos. Completado o ciclo revolucionário, o nacionalismo tomou em grandes linhas outro rumo, sendo instrumentado por nações que chegaram mais tarde à mesa do banquete europeu, como é o caso da Itália e da Alemanha.

No Brasil e em outros países do que viria a ser chamado Terceiro Mundo, a questão nacional tinha outra dimensão, sendo apropriada tanto pela direita quanto pela esquerda, com diferentes matizes que vão do tradicionalismo ufanista à luta de libertação nacional contra o imperialismo. Daí não ser possível mencionar o nacionalismo como um elemento típico da direita, pois ele transita, ainda que com marcas próprias, de um campo a outro do universo político.

Após a diferenciação geral dos campos da direita e da esquerda, devemos responder a uma pergunta básica para o nosso tema: é possível recortar, no espectro da direita, uma ideologia nacionalista autoritária, distinta de outras vertentes, entre as quais se incluem o fascismo e o tradicionalismo católico? A resposta me parece ser afirmativa, embora os contatos e recíprocas influências entre os ideólogos direitistas sejam visíveis.

A identificação do integralismo como uma versão brasileira do fascismo tem suscitado controvérsias. Em textos dos líderes mais expressivos do movimento — Plinio Salgado e Miguel Reale —, há uma clara intenção de distinguir a doutrina integralista das concepções totalitárias do fascismo italiano. Embora considere o integralismo um dos ramos do fascismo, distinguindo-se das concepções de juristas fascistas italianos como Alfredo Rocco, Reale sustenta que o integralismo defendia a existência de esferas autônomas de poder, insuscetíveis de serem absorvidas pelo Estado. Os argumentos de Reale tinham notável semelhança com os utilizados por autores nacionalistas autoritários, como Oliveira Vianna e Azevedo Amaral, com o objetivo de distinguir o autoritarismo, dos regimes de partido único.

Mas, entre as palavras e as coisas vai uma grande diferença. Em primeiro lugar, o integralismo em seus objetivos e em sua atuação, a exemplo do fascismo, representou um movimento de massas, aliás um dos maiores do país, ainda que efêmero. A AIB foi na realidade um partido, com sua hierarquia, seus quadros, seus símbolos, visando a tomada do poder. Mais ainda, o enquadramento das hostes integralistas em milícias, por seus objetivos e forma organizatória, tinha nítida semelhança com as milícias fascistas de Mussolini.

Estes pontos revelam o caráter fascista do integralismo, com marcas nacionais específicas, assim como a distinção entre essa corrente e os ideólogos autoritários. Os autoritários voltaram-se expressamente não só contra a "partidocracia", mas também contra os regimes de partido único e, preocupando-se com o enquadramento das massas, jamais defenderam a mobilização destas para alcançar seus objetivos.

No que diz respeito à corrente católica, é necessário lembrar que os pressupostos de análise dos pensadores católicos e dos nacionalistas autoritários são divergentes. Em seus vários matizes, a corrente católica, que teve em Jackson de Figueiredo e Alceu de Amoroso Lima (Tristão de Ataíde) seus nomes mais significativos, sustentou uma interpretação transcendental da história e realizou um diagnóstico dos "males do presente", a partir dessa visão. Isto independentemente do fato de que Jackson fosse um tradicionalista, idealizando o modelo da sociedade medieval e Amoroso Lima um modernizador, preocupado com o que chamava a realização da Idade Nova, convertido, mais tarde, em um defensor da democracia.

Os nacionalistas autoritários não se afirmaram como espiritualistas, nem se preocuparam essencialmente com os temas que eram e ainda são fundamentais para o pensamento católico: a estabilidade da família, a repulsa ao divórcio, ao aborto e ao planejamento familiar, o reconhecimento de efeitos civis do casamento religioso, a luta pela adoção do ensino religioso nas escolas públicas. Ressalve-se apenas que Francisco Campos, uma das figuras principais dentre os autoritários, foi quem promoveu o último tópico, por razões pragmáticas, quando ministro da Educação.

Em seu diagnóstico da formação da sociedade brasileira e em seu receituário, os nacionalistas autoritários constituíram uma corrente cientificista, na oportuna denominação de autores como Lúcia Lippi Oliveira e José Luis Beired. Pensadores como Oliveira Viana e Azevedo Amaral trataram de desvendar, com base nas ciências humanas, as razões da existência do Brasil de um povo, mas não de uma nação, buscando definir, a partir desse diagnóstico, os caminhos para a construção nacional. No pensamento dos autoritários, a influência do cientificismo, assim como de autores representativos de outras correntes, era eclética, abrangendo nomes diversos, que influenciaram cada um deles com maior ou menor peso.

Assim se combinavam o spencerismo, que deu fundamento ao darwinismo social, transplantando para o plano social o princípio de sobrevivência dos mais aptos, aplicado por Darwin ao meio natural; a teoria sociológica de Le Play, destacando a importância social da família e sua dependência material do solo e do clima; o racismo de Lapouge, Gobineau e outros; o positivismo comtiano; as teorias sobre o caráter irracional das massas e o papel das elites, desde Le Bon e Taine a Mosca e Pareto; a psicologia de Ribot e uma pitada de psicanálise, pelo que se pode inferir das citações de Oliveira Viana.

Convém ressalvar que o cientificismo dos pensadores autoritários não os induzia a uma leitura essencialmente determinista do processo histórico, em que se destacasse a inexorabilidade de suas leis. Pelo contrário, o que quase sempre caracteriza suas interpretações é o papel da vontade, da ação humana, com base na clarividência dos grandes guias, apoiados na natureza instintiva das massas de que eles seriam os intérpretes.

Constituição do pensamento autoritário

Podemos identificar duas fases na constituição e influência de um pensamento autoritário no Brasil, tendo como marco divisório a grande depressão mundial e a revolução de outubro de 1930. Na primeira delas, situada na década de 1920, ocorreu uma espécie de maturação ideológica dos autores, com relativa influência na vida social e política. Na segunda, o pensamento autoritário ganhou considerável prestígio e os principais ideólogos da corrente tiveram papel significativo na criação de instituições e na vida política em geral.

De fato, a crise mundial e a revolução de 1930 conduziram a crítica ao liberalismo ao primeiro plano da luta político-ideológica. A crise parecia demonstrar a falência do capitalismo e do regime político liberal a ele associado. Entre os anos 1930-1937, travou-se no país uma batalha entre as principais correntes políticas a que já nos referimos. O pólo da direita que defendia a centralização do poder e a modernização do país, com nuances mais ou menos nacionalistas, acabou prevalecendo, não sem atritos internos cujo maior exemplo foi a iniciativa bem-sucedida das Forças Armadas, com o objetivo de enquadrar os tenentes.

Os autoritários defenderam o prolongamento do governo provisório de Vargas, pretendendo o adiamento da constitucionalização do país e de eleições gerais para um futuro incerto. A contenda político-ideológica entre liberais e autoritários resultou na revolução de 1932. Entre os objetivos da revolução — uma revolta oligárquica, para seus inimigos —, encontravam-se a garantia de autonomia dos estados e a implantação de um regime político liberal, após a realização de eleições livres.

Apesar da derrota paulista, realizaram-se eleições para uma Assembléia Constituinte, em maio de 1933, que aprovou a Constituição de 1934; seguiu-se a eleição indireta de Getúlio para um período de quatro anos. Mas, como é sabido, a normalidade constitucional durou pouco. Contando com o apoio das Forças

Armadas e da maioria das elites, Getúlio desfechou um golpe de Estado dando origem ao Estado Novo (1937-1945). Assim nasceu uma ditadura autoritária, considerada por seus líderes como o regime mais adequado às características do país, e não apenas como um expediente ditado pelas circunstâncias. Isto não obstante o fato de que, no discurso político e nas formulações intelectuais, o autoritarismo fosse apresentado como a verdadeira democracia, liberta da parafernália de partidos e eleições, típica dos regimes liberais.

A instituição do Estado Novo representou a vitória dos ideais autoritários e a derrota dos liberais, que concorreram desastradamente para o golpe. A aventura da insurreição de 1935 marcara o fracasso dos comunistas e o início de uma dura repressão, enquanto o integralismo, como movimento, desapareceria de cena com o arremedo golpista de 1938. Os intelectuais autoritários identificaram-se com o regime por suas características mais evidentes — supressão da democracia representativa, carisma presidencial, supressão do sistema de partidos, ênfase na hierarquia, em detrimento de mobilizações sociais, ainda que controladas. Mais ainda, encontraram na figura de Vargas os traços do presidente ideal, tanto mais que nunca foram defensores de uma solução militar, encarnada em figuras como os generais Dutra e Góes Monteiro.

Antes do surgimento na cena intelectual e política dos mais expressivos pensadores autoritários, convém mencionar a existência prévia de movimentos de características nacionalistas, com marcas autoritárias, e de pensadores que se inclinaram a esta perspectiva. Tomando como marco inicial os primeiros anos da República, lembremos os grupos ou correntes que identificaram na figura do marechal Floriano Peixoto a corporificação da defesa dos interesses nacionais, em oposição à "república dos fazendeiros", oligárquica e liberal. Dentre eles, teve certa significação o jacobinismo carioca, radical no seu discurso plebeu e em suas ações, tendo como alvo principal conspiradores monarquistas, reais ou verdadeiros, e a colônia portuguesa do Rio de Janeiro.

No curso da Primeira Guerra Mundial, a preocupação com os "destinos da nacionalidade" e as aspirações nacionalistas ganharam terreno, abrangendo movimentos de natureza diversa. Lembremos a fundação da Liga de Defesa Nacional (1916), cujo paladino ostensivo foi Olavo Bilac, concentrando-se nos temas da educação e da elevação da consciência cívica, por meio do serviço militar obrigatório. Essa organização inspirou a criação da Liga Nacionalista de São Paulo (1917), que incorporou o ideário de sua antecessora e formulou um programa político liberal. O programa sustentava a necessidade de se alfabetizar a população, com o objetivo de forjar um eleitorado consciente, assim como de promover a chamada verdade eleitoral, pela via da instituição do voto secreto e de outras formas de combate à fraude.

Ao lado dessas organizações, surgiram no Rio de Janeiro dois movimentos — a Propaganda Nativista e a Ação Social Nacionalista — que não se identificavam com o figurino liberal e postulavam um nacionalismo bem mais agressivo, definindo-se, no plano externo, pelo combate ao imperialismo das grandes potências e, no plano interno, pela "valorização do povo brasileiro". A valorização tinha como traços principais a crítica ao preconceito racial contra negros e mestiços, e uma xenofobia voltada especialmente contra os portugueses.

Enquanto uma organização como a Liga Nacionalista demonstrava o peso histórico do liberalismo em São Paulo, os grupos nacionalistas da capital da República, em meio a algumas variantes, seguiam uma linha que, tomando como matriz o florianismo, combinavam tendências autoritárias, às vezes mescladas por doutrinas católico-tradicionalistas, com um nacionalismo agressivo que se projetava inclusive no campo da economia.

Dentre os pensadores, devemos realçar a figura de Alberto Torres (1865-1917). Natural do estado do Rio de Janeiro, bacharel em direito, foi um republicano histórico moderado. Seguiu carreira na política e na magistratura, tendo sido deputado federal, ministro da Justiça no governo de Prudente de Morais, presidente de seu estado e ministro do Supremo Tribunal Federal. Seus livros mais significativos para o nosso tema foram publicados em 1914, com os títulos de *O problema nacional brasileiro* e *A organização nacional*. Sem esposar inequivocamente uma concepção autoritária, pode ser considerado um precursor da corrente, sobretudo por suas críticas ao artificialismo das doutrinas liberais quando aplicadas ao Brasil, pela crença no papel primordial do Estado na constituição da nação brasileira.

Torres foi um dos primeiros autores que expressaram a passagem de um "nacionalismo naturalista" a um nacionalismo voltado para uma temática político-social. Em vez de exaltar a pujança de nossa natureza, tomou-a como dado de um problema, na medida em que procurava identificar a influência do meio na formação do homem brasileiro. Condena com veemência um patriotismo "oficial ou litúrgico", apegado à idolatria dos símbolos e avesso à triste realidade do país. Em suas palavras, "não se admira que esse patriotismo evite contemplar a verdadeira situação da Pátria e corra à invocação litúrgica da bandeira; que esqueça o Cristo e apegue-se à cruz; que abandone a terra e a gente e condene a prole à miséria, delirando de êxtases místicos ao som do hino nacional...".

O nacionalismo de Torres se corporificava, principalmente, no ataque ao domínio econômico das grandes potências e dos monopólios internacionais, na defesa do trabalhador brasileiro, que tinha como corolário uma avaliação negativa da imigração. Ecoando pensadores da direita européia como Barrès e Maurras, contrapunha campo e cidade, respectivamente, com sinais positivo e negativo. Defendia um programa de volta do migrante da cidade para o campo, que lhe parecia possível, se o poder público garantisse ao proletariado urbano o acesso à propriedade da terra para a produção de bens de consumo que a grande cultura abandonara.

A avaliação crítica de Torres no tocante à opção imigratória surgiu muito cedo. Logo após a proclamação da República, dizia que havia um grande equívoco em louvar a experiência paulista. A imigração produzira ali resultados negativos, dando origem ao "operariado flutuante, boêmio, que produz sem fixar-se e sem consumir, que serviu à lavoura paulista na obra do aumento exagerado de produção do café; e no momento da crise emigra para outras regiões, onde novas indústrias oferecem melhores e mais fáceis proventos". A imigração estrangeira só se justificaria após a constituição no Brasil de "um verdadeiro povo de homens, estabelecidos, produtores, dignos", capazes de atrair e assimilar o colono estrangeiro.

Para se alcançar os grandes objetivos nacionais, Torres propõe um caminho tradicional: a revisão da Constituição de 1891. Suas principais propostas, em *A organização nacional*, são acompanhadas de longos comentários. Neles, justifica a necessidade de dotar a União de maiores poderes, embora defenda a autonomia provincial (significativamente propõe a volta da antiga denominação constante da Constituição imperial), dadas as peculiaridades regionais do país, define o Poder Executivo como "poder por excelência", na trilha do ex-presidente Campos Sales. Crítico da representação exclusivamente individual, propõe o critério de representação mista, individual e por categorias no Senado, e introduz o Poder Coordenador entre os poderes da República, que deveria representar o papel do Moderador durante o Império. Haveria porém diferenças entre ambos, na medida em que o Executivo e o Poder Moderador se confundiam na pessoa do Imperador, enquanto o Coordenador seria um órgão autônomo, dotado de extensos poderes.

A inspiração dos ideólogos autoritários no pensamento de Alberto Torres é nítida. O jovem Oliveira Viana saudou os textos de Torres quando de sua publicação e eles foram uma referência constante no discurso da direita, ao longo do tempo. Mais ainda, figuras ligadas às correntes autoritárias e ao integralismo fundaram em 1932 a Sociedade dos Amigos de Alberto Torres, destinada a difundir suas idéias e a promover debates sociopolíticos. A sociedade atravessou o Estado Novo, desaparecendo quando este caiu, em 1945.

A corporificação plena de uma ideologia nacionalista autoritária ocorreu a partir da década de 1920, tendo como expressões maiores Oliveira Viana, Azevedo Amaral e Francisco Campos. A origem desses autores e suas carreiras são distintas; suas concepções não são idênticas, sendo necessário ainda levar em conta que o pensamento de cada um deles, em maior ou menor grau, variou ao longo do tempo, não tanto quanto ao núcleo de suas idéias, mas quanto à ênfase posta em determinadas questões. Entretanto, há um conjunto de princípios comuns unindo esses autores, de tal forma que a referência a seus textos permite estabelecer o conteúdo essencial do pensamento autoritário no Brasil.

Tal como Alberto Torres, Francisco José de Oliveira Viana (1883-1951) nasceu no estado do Rio de Janeiro, tendo-se diplomado pela Faculdade de Direito do Rio de Janeiro, da qual foi professor. Destacou-se como autor de uma vasta obra sociológica e foi o principal expoente intelectual da corrente autoritária. Não teve participação política ostensiva, mas formulou, após 1930, programas de revisão constitucional e, principalmente, o arcabouço da legislação trabalhista e sindical, na qualidade de consultor jurídico do Ministério do Trabalho.

Dos três nomes citados, Antônio José do Azevedo Amaral (1881-1942) é talvez o menos conhecido. Formado em Medicina, foi essencialmente jornalista, colaborador e diretor de vários jornais cariocas. Sua morte, ainda no curso da Segunda Guerra Mundial, concorreu para que ele ficasse na obscuridade até ser descoberto ou redescoberto em anos mais recentes. Destacam-se seus livros escritos na década de 1930: *Ensaios brasileiros*; *A aventura política do Brasil*; *O Brasil na crise atual* e *O Estado autoritário e a realidade nacional*.

Francisco Campos (1891-1968) nasceu em Minas Gerais, pertencendo a uma família tradicional. Advogado e político, foi deputado federal antes de 1930 e ministro da Educação e Saúde (1930-1932). Nesse cargo, preparou uma reforma do ensino secundário e superior, que possibilitou a estruturação do primeiro e das universidades. Foi consultor geral da República (1933-1937) e ministro da Justiça na fase mais repressiva do Estado Novo (1937-1941). Tornou-se célebre por ter seu nome ligado à instituição dos regimes autoritários no Brasil. Envolvido nas articulações preparatórias do Estado Novo, redigiu a Carta constitucional de 1937. Após um interregno até certo ponto liberal, reassumiu plenamente seu papel de formulador de instituições autoritárias, ao elaborar em 1964, juntamente com Carlos Medeiros Silva, os primeiros decretos básicos de exceção do regime militar: os Atos Institucionais. Nos últimos anos de vida, defendeu a inflexibilidade do chamado processo revolucionário.

Visão do processo histórico

As décadas de 1920 e 1930, até a implantação do Estado Novo, foram décadas de intensa fermentação ideológica, refletindo a percepção de que a Primeira República vinha esgotando ou esgotara as expectativas que cercavam sua fundação. A grande depressão mundial e, no plano interno, a revolução de 1930 deram aos intelectuais da época a sensação de que chegara o momento de "explicar o Brasil"; ou seja, para se descobrir novos caminhos, em busca da realização de diferentes ideais, tornava-se necessário interpretar o passado. Exemplos dessa tendência são as obras de Paulo Prado, Sérgio Buarque de Holanda, Caio Prado Júnior e de outros nomes menos conhecidos.

Os pensadores autoritários, com marcas próprias, inserem-se nessa moldura geral. Oliveira Viana, com uma obra extensa, e Azevedo Amaral abandonaram o descritivo, a história política, com raras exceções, tratando de realizar uma leitura histórica estrutural, que lhes permitisse identificar o que seria a verdadeira fisionomia do país, com o auxílio dos conhecimentos proporcionados pela geografia, pela antropologia, pela psicologia, assim como por uma pseudociência decifradora da natureza das raças.

Os dois autores coincidiram em uma visão pessimista de nossa formação, na crítica cerrada ao liberalismo, nas propostas de construção nacional. Um e outro conferiram grande importância ao peso do passado, ao que hoje se chamaria a longa duração. Ecoando uma frase de Augusto Comte — os vivos serão cada vez mais governados pelos mortos — Oliveira Viana afirmava: "Nós não somos senão uma coleção de almas, que nos vêm do infinito do tempo ... O passado vive em nós, latente, obscuro, nas células de nosso subconsciente. Ele é que nos dirige ainda hoje com sua influência invisível, mas inelutável e fatal."

A visão que Oliveira Viana tinha do processo histórico era coerente com suas opções políticas e com sua leitura do passado brasileiro. Assim, valorizava as mudanças evolutivas, as instituições que promoviam o equilíbrio na cúpula dos regimes e censurava o radicalismo na ação política, pois "*em política* — em que tudo é adaptação, oportunismo, relativismo — *radicalismo significa apenas inferioridade de observação, inferioridade de idéias e, às vezes mesmo, inferioridade de espírito*" (grifo do autor).

Azevedo Amaral assumiu pressupostos bem diversos, como demonstra um de seus livros mais sugestivos, *A crise do Brasil atual* (1934). Nele, contrapõe as interpretações evolucionistas e revolucionárias do processo histórico, optando pelo papel progressista das revoluções na evolução dos povos. Entre Marx e Sorel, destaca a figura do sociólogo francês, cuja obra foi lida tanto por Lenin quanto por Mussolini. Para Amaral, Sorel encarna "a primeira sistematização lógica da ideologia revolucionária". As três idéias fundamentais de Sorel — caráter descontínuo do progresso social, função da vontade na determinação das diretrizes do progresso e o papel da ilusão mítica como propulsora das atividades revolucionárias — formariam a trilogia ideológica do revolucionismo contemporâneo.

Convém esclarecer a essa altura o que Amaral entende por revolução. Para ele, não podem ser chamadas de revolução as insurreições desordenadas das massas, ou aquelas em que há um forte predomínio das forças militares, em detrimento da população civil trabalhadora. A verdadeira revolução é deflagrada por uma minoria superior, que desperta a força elementar das massas, em sua inerte sonolência.

Escrevendo em 1934, quando se refere ao exemplo brasileiro, Azevedo Amaral vê na revolução de 1930 uma oportunidade perdida, na medida em que gerou uma crise e acabou se restringindo a uma mudança pura e simples da "turma governante". Se o Estado Novo não é claramente vislumbrado no horizonte, sem dúvida seria lógico para o autor encará-lo, poucos anos mais tarde, como a expressão mais alta da vertente revolucionária que emergira em 1930.

Oliveira Viana e Azevedo Amaral tomaram como balizas cronológicas a divisão tradicional entre Colônia, Império e República. Coerente com a importância atribuída às raízes de nossa formação, Viana ressaltou o significado do período colonial para a compreensão do Brasil. Tendo em vista fatores mesológicos como a extensão da colônia, a carência de vias de comunicação, a América portuguesa se caracterizaria pela fraqueza de instituições sólidas e abrangentes, no plano social e no plano político. Isto redundara no isolamento das populações, na ausência de solidariedade social, na supremacia da vida privada cujo núcleo era o clã rural, constituído pela família patriarcal.

Apesar de todas essas carências, a leitura que Oliveira Viana fazia do período colonial não era propriamente negativa, podendo ser encarada, sob muitos aspectos, como contraditória. Ela vislumbrava aspectos positivos na formação de uma aristocracia rural, assim como no clã familiar. Este seria ao menos uma forma básica de solidariedade cujas virtudes, centradas na família tradicional, deveriam ser ressaltadas, ainda que, no correr do tempo, tivesse dado origem a uma "oligarquia bronca".

Viana exaltou as virtudes do período monárquico, ressaltando, em contraste com o que viria depois, a prudência e a visão prática de seus políticos. O maior mérito da monarquia consistira, em seu entender, em assegurar a unidade do país, por meio da centralização do poder. O esforço institucional fora possível graças à criação de órgãos como o Poder Moderador, encarnado por um imperador do porte de Pedro II, que exercera, durante meio século, "a mais nobre das ditaduras".

Pouco antes da proclamação da República, diziam Oliveira Viana e Azevedo Amaral, a abolição da escravatura tivera repercussões negativas, nos planos econômico e político. Essa linha de relativização da crítica ao escravismo e da inoportunidade da abolição tinha em Alberto Torres um antecessor de prestígio. Torres sustentava a inexistência de preconceito contra o negro, o fato — segundo ele — de que a escravidão fora "uma das poucas coisas com visos de organização que este país jamais possuiu", acentuando o paternalismo dos senhores brasileiros, em contraste com a moral desapiedadamente crua dos anglo-saxônicos.

A República viria arrasar a obra ainda inconclusa da construção nacional, ao trocar o realismo político, que tinha em conta a natureza de nossa formação, pelo exotismo do modelo liberal. O federalismo representaria um retrocesso na marcha da integração do país, introduzindo a guerra entre os estados e um retorno generalizado, em direção ao predomínio dos clãs rurais, em detrimento do poder estatal. Os princípios da soberania popular, da representação parlamentar, do voto universal e o abolicionismo eram vistos como imposições do racionalismo dos liberais, sem sintonia com a realidade nacional.

Na leitura do passado, Azevedo Amaral partia de premissas diferentes das estabelecidas por Oliveira Viana. O sociólogo fluminense valorizava essencialmente fatores geográficos, psicossociais e étnicos; Amaral também conferia importância a estes fatores, enfatizando mesmo o papel das etnias, mas introduzia no quadro os elementos econômicos, que tinham escassa importância na leitura de Viana. Sob inspiração biológica, sustentava a predominância, nas sociedades humanas, dos instintos militar, econômico ou político. O Brasil estava destinado a ser um "Estado econômico" devido às características mercantilistas do colonizador português, bem diversas do instinto político dos espanhóis. Entretanto, ao contrário de Oliveira Viana, o autor não valorizava a colonização portuguesa, considerando-a responsável, entre outras coisas, pelos embaraços opostos ao progresso econômico da colônia.

A leitura que Azevedo Amaral realiza do período colonial e da monarquia é negativa. Ao mesmo tempo em que colocava o Estado no centro da construção da nacionalidade nos anos 1930, não tinha uma visão a-histórica de seu papel. Desse modo, via no organismo estatal, tanto na Colônia quanto no período monárquico, a condensação das tendências retrógradas e do parasitismo social vigentes na sociedade. Um momento — não por acaso um momento econômico — constituía relevante exceção: a época mineradora, que possibilitara a criação de riquezas e esboçara o surgimento de uma consciência nacional.

O período monárquico teria representado o advento de instituições artificiais, inspiradas no liberalismo, assim como a consolidação de uma economia agrária que se refletia no domínio político dos grandes proprietários rurais. A única exceção — e por aí se pode vislumbrar para onde se encaminhava o raciocínio do autor — era constituída pelas arrojadas iniciativas do Barão de Mauá.

Na apreciação da Primeira República, Azevedo Amaral representa uma voz destoante. Ao contrário de quase todos os intelectuais do amplo arco de direita e de figuras fora desse âmbito, como é o caso de Sérgio Buarque de Holanda em *Raízes do Brasil*, ele faz uma interpretação matizada e menos negativa do período, contendo algumas afirmações surpreendentes. Encara a Primeira República como um período de acentuado progresso econômico, a partir do cumprimento do *funding-loan* assinado por Campos Sales em 1898 com os credores externos do país. Curiosamente, não repele o acordo, atacado frontalmente por qualquer historiador brasileiro de inspiração nacionalista, pois ele teria aberto caminho para o crescimento da economia, na medida em que fora cumprido, permitindo o reerguimento de nosso crédito externo e a facilidade de importação de capitais estrangeiros.

Outra razão pela qual Azevedo Amaral matizava sua apreciação da Primeira República tinha a ver com a constatação de que, ao longo dela, ocorrera uma concentração dos poderes do Executivo. Neste aspecto, sua análise era contraditória pois, se criticava o estrangulamento dos pequenos estados, via na referida concentração de poderes uma tendência salutar e o reflexo da perda necessária de funções do Congresso e da desmoralização deste. Tanto assim que, sustentava ele, nos últimos anos do período, a animosidade popular não se voltava mais para o Presidente da República, concentrando-se nos membros do Congresso.

Azevedo Amaral não participa de uma crítica demolidora das oligarquias, como foi comum no pensamento dos intelectuais, dos chefes militares e dos políticos de oposição de seu tempo. Embora não chegasse a defendê-las, tal como Oliveira Viana, trata de demonstrar sua utilidade e de identificar um mal maior: o artificialismo da democracia liberal. As oligarquias teriam sido a maneira única de o organismo nacional reagir a essa fantasia, que representaria uma verdadeira ameaça de morte.

Em uma apreciação geral da leitura do passado, respectivamente, na obra de Oliveira Viana e Azevedo Amaral, constatamos outras diferenças entre ambos. O primeiro era, em princípio, um conservador modernizante, desejoso de manter tradições e características do homem brasileiro, no âmbito de um Estado de novo tipo cuja missão seria a de fundar uma verdadeira nação. Nesse sentido, ecoa nos textos de Oliveira Viana uma espécie de saudosismo rural, que lembra Alberto Torres. Só que Viana, escrevendo anos depois de seu conterrâneo, já não podia pensar em retroceder no tempo. Reconheceu, gradativamente, a realidade de um Brasil urbano que implicava a existência de uma classe trabalhadora. Para esta voltou muito de sua atenção, tratando de evitar que se tornasse fator de desordem, buscando as vias de sua integração no organismo social. A dedicação de Oliveira Viana ao objetivo de elaborar uma legislação trabalhista, como consultor jurídico do Ministério do Trabalho, é uma prova eloqüente disto.

Autoritarismo e racismo

Um traço comum aos nacionalistas autoritários foi o papel por eles atribuído à chamada questão racial. Nisso eles não estavam sozinhos, na medida em que o papel a ser atribuído a determinações raciais na formação da sociedade e do homem brasileiro foi objeto de uma preocupação constante de nossos pensadores, desde meados do século XIX. Essa preocupação, em si mesma, não poderia ser tida como "importada", pois, como é sabido, o Brasil era um país majoritariamente formado por negros e pardos, no qual o sistema escravista perdurou até 1888. Desse modo, a defesa da separação de raças seria, no mínimo, muito difícil de ser sustentada.

Os pensadores brasileiros, mesmo quando influenciados pelas idéias de Gobineau, Ratzel, Agassiz e outros, não podiam defender pura e simplesmente a separação de raças e a superioridade da raça branca. Tinham de enfrentar a realidade de um país em que ocorrera a miscigenação entre brancos, negros e índios, a ponto de a população branca ser minoritária. A partir dessa realidade, com diferentes enfoques, muitos deles sustentaram a desejabilidade do *branqueamento*, fundada na suposta superioridade da raça branca. Com base em convicções sociobiológicas, defenderam a necessidade de aumentar ao máximo o influxo do sangue branco, contando para isso com a contribuição de imigrantes europeus, dadas as suas qualidades raciais e culturais. No âmbito dessa perspectiva, os pensadores valorizavam (ou melhor, desvalorizavam) de forma diversa a contribuição de negros, índios e mestiços, na formação do país.

Até por volta de 1910, as teorias que sustentavam a existência de uma raça superior foram contraditadas apenas por vozes isoladas, como é o caso de Araripe Júnior e Manoel Bonfim. Bonfim foi autor de uma obra consistente, redescoberta em anos recentes, tendo se convertido em um dos ícones do nacionalismo de esquerda. Ambos criticavam a falsa base científica da tese da superioridade racial, denunciando-a como instrumento do expansionismo das nações dominantes, responsáveis também pela difusão de uma etnologia colonialista.

Na década de 1910, Alberto Torres veio juntar-se à corrente que encarnava a crítica ao racismo, afirmando ainda que os fatores mesológicos e sociais são mais importantes do que os raciais na explicação das sociedades. Ao mesmo tempo, ele não fugia inteiramente a uma apreciação biológica do tema. Defensor entusiástico da miscigenação realizada no Brasil, afirmava que os indígenas representavam a etnia mais adaptada ao meio brasileiro, vindo a seguir os negros e, afinal, os colonizadores brancos, quando "já fizeram um longo estádio de aclimação". Esses troncos — dizia ele — equilibram-se tão positivamente que uma política eugênica bem inspirada deve recusar novos cruzamentos raciais. Trata-se, como se vê, de uma curiosa versão do mito das três raças formadoras do homem brasileiro, em que o elemento branco é definido como o mais problemático.

Além de Alberto Torres, dentre os precursores do pensamento nacionalista autoritário que se preocuparam com a questão racial devemos destacar Álvaro Bomilcar, uma das figuras pioneiras no ataque ao preconceito contra o negro e na valorização da mestiçagem. Nas páginas da revista *Brazílea*, que fundou em 1917 com Arnaldo Damasceno Vieira, defende um nacionalismo antilusitano, anticosmopolita, apoiado na religião e na moral. Aproxima-se das idéias de Alberto Torres, tratando porém de dar a seus escritos uma inspiração popular. Sob este aspecto, critica o pensador fluminense, de quem diverge também, respeitosamente, pelas ilusões deste em acreditar na via de uma revisão constitucional para enfrentar os problemas brasileiros.

No livro *A política no Brasil ou o nacionalismo radical* (1920), dedicado significativamente à memória do marechal Floriano Peixoto, Bomilcar diz escrever pensando nos "párias desclassificados nacionais", vadios e ociosos, ex-praças das corporações armadas, pescadores e pequenos diaristas rurais. Não esquece porém daqueles que têm algum estudo mas estão "fora do ambiente convencional e livresco dos gabinetes e academias", como elementos sociais importantes para integrar a luta nacionalista.

Oliveira Viana e Azevedo Amaral conferiram ao fator racial papel relevante nas respectivas explicações do Brasil. O primeiro, desde seus primeiros trabalhos, foi um defensor da necessidade de se "arianizar" o país, pela via do *branqueamento*, para dotá-lo de um povo capaz de dar suporte à tarefa da construção nacional. Em *Populações meridionais do Brasil* (1920), baseado em uma concepção psicorracial, Oliveira Viana identifica três categorias sociais existentes no Brasil. No alto da pirâmide, estariam os arianos brancos da classe superior cujo caráter, "tão valentemente preservado na sua pureza pelos nossos antepassados dos três primeiros séculos, salva-nos de uma regressão lamentável". Depois, viriam os mestiços que venceram e ascenderam ao longo do tempo por terem se arianizado e deixado de ser "psicologicamente" mestiços. Embaixo, ficariam os negros, os índios e a maioria dos mestiços que entram na formação de nosso caráter coletivo como "força revulsiva e perturbadora". Para Viana, as funções superiores da civilização brasileira cabem aos arianos puros, contando com o importante concurso dos mestiços "vencedores": "São estes os que, de posse dos aparelhos de disciplina e de educação, dominam a turba informe e pululante de mestiços inferiores e, mantendo-a, pela compressão social e jurídica, dentro das normas da moral ariana, a vão afeiçoando, lentamente, à mentalidade da raça branca."

Doze anos mais tarde, em 1932, Oliveira Viana publicou *Raça e assimilação*, um texto dedicado exclusivamente à questão racial, como seu título indica. Trata-se de um escrito pretensamente científico, em que procura fixar critérios demonstrativos da pureza da raça ariana, composta de diferentes etnias, que vinham resistindo, no Brasil, à contaminação dos "sangues bárbaros" de negros e índios. A resistência estaria ocorrendo, principalmente, nos estados do Rio Grande do Sul, Santa Catarina e São Paulo, graças à imigração européia e à formação de sólidos núcleos coloniais. Viana não chegava a sonhar com uma raça de dolicocéfalos louros, mas, aceitando a realidade de um "Brasil moreno", esperava que o tipo nacional acabasse por ter sangue predominantemente branco.

Respondendo às muitas críticas, Oliveira Viana negou que estivesse tratando de demonstrar a superioridade de uma raça com relação a outras, pois quisera apenas expor o fundamento científico da diferença das raças, sem estabelecer uma escala de qualidade. O autor nunca renunciou expressamente a esses pontos de vista, mas, no correr dos anos, eles deixaram de estar na linha de frente de seu pensamento.

Muito embora tenha se tornado conhecido por encarar o regime autoritário como instrumento da industrialização do país, Azevedo Amaral conferiu à questão étnica um papel central em suas formulações. Esse aspecto de sua obra ficou meio esquecido, poupando-lhe a identificação com a teoria racista do *branqueamento*. Segundo Amaral, a formação de um tipo étnico brasileiro, à altura da tarefa de construção nacional, era um dever do Estado, a quem caberia, para tanto, promover a eugenia, incentivando as uniões convenientes e a seleção das etnias imigratórias desejáveis.

Em *O Estado autoritário e a realidade nacional* o problema étnico é considerado "a chave de todo o destino da nacionalidade", subordinando todos os demais. Amaral sustenta enfaticamente a necessidade de garantir o *branqueamento* — um objetivo que só seria alcançado pela continuidade da imigração européia, representante de uma raça e de uma cultura superiores, garantindo a "vitória étnica" do elemento branco.

A partir dessa visão, critica a Constituição de 1934 e mesmo a tão elogiada Carta de 1937 por terem fixado um regime de quotas, impondo restrições ao ingresso de grupos étnicos desejáveis no país. Curiosamente, em uma época em que a ditadura, por meio de circulares secretas, proibira a entrada de imigrantes judeus no Brasil, o autor não dá demonstrações de anti-semitismo. Pelo contrário, quando investe contra as correntes subversivas de esquerda e de direita que haviam se instalado no país antes de 1937, refere-se ao integralismo como um movimento fascista, cuja quase exclusiva finalidade consistia em promover uma estranha e inexplicável propaganda anti-semita.

O alvo principal do racismo de Azevedo Amaral concentra-se na "classe dos mestiços", em especial os mulatos, que, em suas palavras, desde a metade do século XVIII, constituía um grupo ponderável da população. Esse grupo era considerado inadequado para o exercício de funções públicas, embora muitos deles, ainda segundo Amaral, tenham sido figuras brilhantes, representando papel de primeira ordem no desenvolvimento cultural do Brasil. Mas, mesmo esses indivíduos brilhantes, para não falar dos mestiços em geral, sempre se inclinaram a um parasitismo medíocre, por força dos fatores étnicos e do psiquismo gerado pelos cargos que exerciam, na burocracia estatal e no mundo político. Coerente com sua visão autoritária, Amaral afirma que os mestiços desenvolveram forçosamente uma tendência à insubordinação crônica contra todas as formas de autoridade disciplinadora. Embora o contraste entre o imigrante — expoente de uma ética de trabalho — e o "mestiço parasitário" não esteja explicitamente formulado, ele é implícito em muitas passagens de sua obra principal.

Crítica do presente e propostas de mudança

Quaisquer que fossem as diferenças interpretativas de Amaral, Viana e Francisco Campos, eles tinham uma idêntica avaliação dos tempos em que viviam e propostas idênticas para os problemas brasileiros. Identificavam o grande problema do país na obra apenas esboçada da construção nacional. No Brasil existia um povo, mas não uma nação e seu correlato: a identidade nacional. Nenhum deles afirmava em abstrato a superioridade do regime autoritário. A necessidade de tal regime, nos tempos em que viviam, decorria do fato de que o passado histórico brasileiro não gerara uma sociedade solidária e articulada, sendo as fórmulas políticas liberais uma aberração diante desse quadro. Oliveira Viana, por exemplo, se dizia um admirador das instituições representativas inglesas e americanas, mas considerava que elas eram produto de uma sociedade muito diferente da nossa; mesmo assim, tinham entrado em crise nesses países.

O regime autoritário era encarado como o caminho privilegiado para "criar" a nação, com uma perspectiva mais culturalista e tradicional em Oliveira Viana e mais nitidamente modernizante em Azevedo Amaral, ficando Francisco Campos a meio caminho entre os dois. Quando lidou, excepcionalmente, com questões de natureza econômica, Campos defendeu o controle das indústrias básicas, assim como dos investimentos estrangeiros, por parte do Estado, por razões mais de segurança nacional do que de ordem econômica. Ao se referir ao tema do progresso do país, oscilava entre a defesa do desenvolvimento agrário e a defesa do desenvolvimento industrial, com o apoio do Estado, passando também por uma fase liberal, nos últimos anos de vida.

Já Azevedo Amaral era o mais modernizante dos três, sendo um declarado defensor do capitalismo industrial, a ser promovido pelo regime autoritário-corporativo. De resto, era ele quem melhor se ajustava, nesse aspecto, às mudanças que vinham ocorrendo no país, na década de 1920 e especialmente após a revolução de 1930.

Apesar das diferenças de perspectiva, os nacionalistas autoritários concebiam uma modernização do país de cima para baixo, prescindindo das mobilizações populares, especialmente quando não-controladas. A instituição básica destinada a realizar a transformação, nas condições brasileiras, só poderia ser o Estado autoritário, centralizador, dotado de extensos poderes.

Ao lidar com o tema clássico do equilíbrio entre a ordem e a liberdade, os nacionalistas autoritários privilegiaram sempre a primeira premissa. Nas palavras de Azevedo Amaral,

> há muito mais perigo de desorganização do todo pela rebeldia das partes do que da compressão excessiva destas por um poder desmedido da coletividade. Assim, para que uma nação se organize com probabilidades de enfrentar vitoriosamente as vicissitudes com que o futuro a pode surpreender, o conceito de liberdade tem de ajustar-se aos imperativos da sobrevivência, que impõem a necessária ascendência de um ritmo unificador expresso na idéia de autoridade.

Ao mesmo tempo, a necessidade de manter a ordem, de conter a ação dos agentes subversivos, justificava a repressão aos divergentes, assim como a criação de tribunais especiais, destinados a garantir a segurança nacional, a censura aos meios de comunicação.

Se o passado do país impunha a rejeição das fórmulas liberais, o quadro sociopolítico do mundo, ao longo do século XX, tornava ainda mais imprescindível a adoção de um regime autoritário, segundo seus defensores. Isto porque um fenômeno novo passara a integrar a vida social e política: a irrupção das massas. Ao contrário dos fascistas e dos nazistas, os nacionalistas autoritários viam essa irrupção como um problema e não como um trunfo para alcançar seus objetivos. Nas condições brasileiras, tal visão era reforçada pelo fato de que não havia no país uma ampla mobilização dos setores populares, como ocorrera na Itália e na Alemanha antes da vitória do nazi-fascismo. Era pois realista — segundo eles — defender a implantação de um regime autoritário, verticalmente, sem incorrer no risco das agitações sociais.

Ao longo de sua vida, Francisco Campos insistiu no tema da integração das massas, passando pela relação vertical entre estas e as elites. Em um texto de 1967, *Atualidade de Dom Quixote*, alude a este e a Sancho Pança para definir as relações entre as massas e um guia iluminado. Metáfora curiosa, na medida em que, apesar da relação hierárquica, na novela de Cervantes, Sancho — o homem do povo — tem os pés no chão, enquanto o Quixote vive no mundo da fantasia, ecoando o passado. A visão de Campos não é essa, pois ele vê no "cavaleiro da triste figura" o espírito e o ideal dominadores, o guia e redentor da humanidade, sendo ambos os personagens arquétipos ligados por um vínculo milenar.

O grande risco da atualidade consistiria no fato de que o vínculo estava prestes a romper-se, diante da "sinistra mascarada das revoluções", quando os "seres noturnos", movidos pela raiva da destruição, teriam começado a impor-se. Sancho — o bom homem fiel a seu amo — estava pois se transfigurando, pela ação recôndita dos "seres noturnos", a ponto de se converter em um ser monstruoso — "El Colosso de Goya".

Em suas palavras, "nosso mundo de hoje, que é como Sancho abandonado por seu amo, reclama a volta de Dom Quixote, por sentir que sem ele sua vida não teria sentido. De todos os lados, sob os mais diversos nomes e as mais contraditórias aparências, o que o homem dos nossos dias pede e reclama, o que ansiosamente espera, é o retorno de Dom Quixote."

A irrupção das massas reforçava a crítica dos pensadores autoritários ao racionalismo dos liberais. O anti-racionalismo foi uma das marcas da direita européia, a partir das últimas décadas do século XIX, baseando-se nas teorias biológicas segundo as quais o comportamento humano era regido por fatores vários em que a hereditariedade representava uma premissa básica, e não por motivações racionais. Um precursor dessa teoria, com várias ramificações, foi o historiador francês Hipólito Taine (1828-1893), cuja influência nos círculos intelectuais brasileiros foi considerável. Em sua principal obra, *As origens da França contemporânea*, publicada em vários tomos, a partir de 1876, Taine — defensor da monarquia constitucional — traçou um quadro sombrio da Revolução Francesa, dadas suas convicções e o impacto profundamente negativo que produzira a Comuna de Paris (1870) nos meios conservadores.

A crítica ao processo revolucionário como um todo, sem distinguir fases distintas — 1789 de um lado e o Terror de outro, por exemplo —, coadunava-se com sua visão frontalmente contrária às revoluções em geral. Identificava a multidão e seus manipuladores como protagonistas da revolução, dirigindo a ambos violentas agressões. Os jacobinos eram um bando que tirava proveito da multidão; esta seria um animal monstruoso, uma besta sofredora, super-excitada, um macaco careteiro, sanguinário e lúbrico, no qual se dissolviam as vontades individuais.

Um autor cujas idéias gozaram de grande prestígio em muitos países, entre eles o Brasil, prestígio aliás conservado em certos círculos mesmo nos dias de hoje, foi o sociólogo Gustave Le Bon (1841-1931). Embora muito influenciado por Taine, incorporou uma dimensão psicológica em sua análise da sociedade, na linha proposta por figuras como Tarde e Ribot. Sustentava, em síntese, que em decorrência da natureza humana o homem isolado pode ser civilizado, mas em multidão retorna à barbárie, caracterizada pela espontaneidade, pela ferocidade e pelo heroísmo. Diante desse quadro, Le Bon enfatizava o papel das elites na organização da sociedade, tanto mais que as massas combinavam a irracionalidade com uma grande e perigosa capacidade de ação.

É visível a influência dessas idéias no limitado mundo intelectual brasileiro, abrangendo várias correntes de pensamento e não só os autoritários. Mas estes iriam ter, ao longo dos anos 1920, uma especial atração por doutrinas que acentuavam o papel dirigente das elites e a natureza irracional das massas, que justificavam plenamente a hierarquização da sociedade. Para os pensadores autoritários, a falta de realismo dos liberais se torna ainda mais grave, dada a irrupção das massas na vida em sociedade e as ilusões racionalistas a seu respeito. Oliveira Viana, sempre disposto a dar fundamento científico a suas idéias, criticou o maior ícone de nosso liberalismo — Ruy Barbosa —, tomando por base a visão acima exposta, à qual incorpora a referência a dois grandes nomes da psicanálise:

> Ruy, orador prodigioso, pertencia àquela antiga escola do bovarismo político, que vem inspirando nossas atividades partidárias desde o primeiro dia da Independência. Era em política o que Graham Wallas chama um intelectualista; acreditava na força lógica do raciocínio e da dialética, como agentes determinantes da conduta das multidões, e pedia ao primitivismo e à instintividade das massas populares o que a psicologia política contemporânea, que lê Freud e Jung, reconhece que elas não podem dar.

Em uma passagem em que faz a apologia do regime hitlerista, diz Francisco Campos que

> somente o apelo às forças irracionais ou às formas elementares de solidariedade humana tornará possível a integração total das massas humanas em regime de Estado ... O mito é o meio pelo qual se procura disciplinar e utilizar essas forças desencadeadas ... Quem quiser saber qual o processo pelo qual se formam efetivamente, hoje em dia, as decisões políticas, contemple a massa alemã, medusada sob a ação carismática do Führer, e em cuja máscara os traços de tensão, de ansiedade e de angústia traem o estado de fascinação e de hipnose.

Um dos argumentos centrais da cerrada crítica que os pensadores autoritários faziam ao liberalismo consistia em afirmar que o liberalismo era uma doutrina exótica, inaplicável à realidade brasileira. Notemos, de passagem, que a expressão "doutrina exótica" teve longa vida no país, sendo um instrumento utilizado, com freqüência, pelas forças políticas conservadoras, em seu ataque ao comunismo de inspiração soviética.

Não escapava porém aos autoritários o fato de que poderiam ser acusados também de importar doutrinas tão exóticas quanto as adotadas pela esquerda, variando apenas de teor e de procedência geográfica. Ao apresentarem um programa de reforço e centralização do Estado, representação corporativa, supressão de liberdades etc., pensadores autoritários como Oliveira Viana e Francisco Campos (o caso de Azevedo Amaral é um tanto diverso, como veremos no final do livro) trataram de demonstrar que não estavam imitando servilmente modelos estrangeiros, mas apenas levando-os em conta, na formulação de um programa verdadeiramente nacional, assentado nas condições sociopolíticas e culturais do Brasil. A insistência na originalidade das fórmulas foi aliás um dos traços mais evidentes dos ideólogos fascistas, na tentativa de demarcar-se dos modelos da Alemanha e especialmente da Itália.

Combater o exotismo das doutrinas liberais significava atacar de frente suas concepções e suas instituições: a soberania popular e as formas de representação, em especial a parlamentar pela via do voto secreto e universal. A crítica à liberdade de pensamento e de expressão, embora existente, provavelmente por ser embaraçosa, ficava em segundo plano. Em uma passagem muito significativa, Azevedo Amaral assim explicava a fonte do poder político:

> Agora que os bárbaros saídos das trincheiras da grande guerra, para destruir ilusões e reavivar na consciência política da Europa o senso das realidades, nos estão abrindo os olhos, podemos ver através da fantasmagoria democrático-liberal e começamos a descobrir de novo aquilo que os nossos antepassados do período proto-histórico reconheceram, logo que se formaram as primeiras coletividades humanas e de que ninguém duvidou durante dezenas de milhares de anos, até que

> a lucidez da inteligência francesa foi perturbada pelos encantadores entorpecentes fermentados no cérebro peculiar do grande Jean Jacques [Rousseau]. Esse postulado, que foi a primeira noção sociológica intuitivamente adquirida pelo homem, é o conceito de que o poder promana de quem governa e não pode portanto, sem flagrante absurdo, ter a sua origem atribuída à vontade dos que são governados.

O sufrágio universal, chamado depreciativamente de "sufrágio promíscuo" e o sistema de partidos como instrumento e forma de exprimir a vontade popular não passariam de ilusões perigosas. Já antes de 1930, Francisco Campos condenava "o inocente e imponderável voto secreto", que constituía uma das principais bandeiras da reforma política sustentada pelos liberais. Investia também contra o sistema de partidos, nos quais prolifera a agitação de "antagonismos violentos" e a "oposição de interesses transitórios".

Quanto aos parlamentos, Campos destaca seu anacronismo, como produto ultrapassado das revoluções populares do século XVIII. Nos tempos de hoje, a administração pública deveria monopolizar, com proveito, o trabalho legislativo.

Oliveira Viana segue a mesma linha, ao assinalar a decadência dos parlamentos e justificar o reforço do Poder Executivo, traçando um quadro do que vinha acontecendo em toda a Europa, inclusive na Inglaterra, "o país dos parlamentos onipotentes". Ele vincula a crítica aos parlamentos à ausência de uma figura que encarne a nação, afirmando: "Num país como o nosso e num regime como o que temos, onde não há um rei para encarnar a Nação, a preponderância da Câmara, quero dizer, a subordinação do Presidente da República a ela é absurda."

Azevedo Amaral, muito próximo neste aspecto a Francisco Campos, destacava que o trabalho legislativo vinha assumindo caráter mais complexo, envolvendo, em escala crescente, a solução de problemas técnicos. Disso decorria a necessidade de atribuir ao Executivo a tarefa de elaborar as leis, com a colaboração dos órgãos técnicos da administração, como já vinha acontecendo em muitos países. Caberia ao Parlamento examinar os projetos de lei "e quase sempre aprová-los", dando um voto de confiança ao Executivo.

Aos princípios da democracia liberal, os pensadores autoritários opunham, acima de tudo, o poder emanado do Estado, a eliminação dos partidos, assim como a representação da sociedade organizada e não dos indivíduos. A fantasia liberal, que conduzira o país aos confrontos dilacerantes, deveria dar lugar a um sistema corporativo, em que, essencialmente, as "classes econômicas" (trabalhadores, comerciantes, empresários industriais etc.) estariam representadas. Desse modo, dar-se-ia voz à sociedade, contrabalançando o poder do Estado que, como vimos, não se desejava totalitário.

Assim seria possível alcançar o equilíbrio social, tão necessário à tarefa de reconstrução nacional, sob inspiração de um "idealismo orgânico", em contraposição ao "idealismo utópico" da doutrina liberal, na expressão de Oliveira Viana.

Os dois conceitos sintetizavam o pensamento de Oliveira Viana, em matéria de teoria e objetivos políticos. Em suas palavras,

> idealismo utópico é todo e qualquer sistema doutrinário, todo e qualquer conjunto de aspirações políticas em íntimo desacordo com as condições reais e orgânicas da sociedade que pretende reger e dirigir. *O que realmente caracteriza e denuncia a presença do idealismo utópico num sistema constitucional é a disparidade que há entre a grandeza e a impressionante euritmia da sua estrutura e a insignificância do seu rendimento efetivo — e isto quando não se verifica a sua esterilidade completa.* (grifo do autor)

Em contraposição, o idealismo orgânico nasceria da própria evolução orgânica da sociedade e não seria outra coisa senão visão antecipada de uma evolução futura.

Seguindo o percurso histórico, Oliveira Viana nomeava idealistas utópicos e orgânicos. Utópicos eram os jesuítas, no período colonial; os homens que inspiraram a política sonhadora do Primeiro Reinado, como

Feijó, Evaristo da Veiga, Cairu e "a constelação dos três Andradas". Utópicas eram instituições como as Faculdades de Direito que transfiguravam rapazes provincianos em letrados que se divorciavam da realidade nacional e a imprensa promotora de agitações e idéias exógenas, especialmente no Primeiro Reinado. Idealistas orgânicos eram figuras que haviam resistido aos liberais da Independência, como Abrantes, Vasconcelos — o Vasconcelos que abandonou o liberalismo, naturalmente —, Monte Alegre e principalmente o marquês de Olinda. Eram também figuras de uma nova geração, formada no Brasil — e nesse ponto Oliveira Viana, contraditoriamente, exaltava o papel das academias nacionais fundadas em São Paulo, na Bahia e no Recife —, pessoas como o marquês de Paraná, Rio Branco, Uruguai, Itaboraí.

O corporativismo, de inspiração medieval, mas adaptado às novas realidades contemporâneas, ganhou crescente prestígio no mundo ocidental, após a Primeira Guerra. O fascismo italiano incorporou o modelo e os regimes autoritários seguiram o mesmo caminho. No Brasil, um dos grandes defensores desse sistema político tornou-se influente nos círculos de elite, especialmente entre os industriais paulistas. Trata-se do intelectual e político romeno Mihail Manoilescu, cujo livro *O século do corporativismo* foi publicado na Europa em 1934 e quatro anos depois em nosso país, em tradução de Azevedo Amaral.

Na verdade, no Brasil como em outras partes do mundo o corporativismo foi uma fórmula prestigiosa, mas de pouca aplicação prática, no âmbito dos regimes totalitários e autoritários. Houve sempre uma tensão entre o poder concentrado no Executivo e as tentativas de representação corporativa, constituindo o primeiro o pólo decisivo, seja sob a forma do Partido-Estado, seja sob a forma da figura presidencial.

Em seus escritos, ao defenderem o sistema corporativo, os autoritários brasileiros mostravam-se céticos no que diz respeito a sua implementação imediata. Tanto Azevedo Amaral quanto Oliveira Viana assinalaram que, dada a inarticulação de nossa sociedade — Viana dizia que talvez São Paulo constituísse a única exceção —, o modelo levaria tempo para concretizar-se. Enquanto isso, o Poder Executivo deveria assumir a primazia, uma opção que se tornou mais nítida após o golpe de 1937, quando Getúlio Vargas passou a personificar o poder.

A ênfase do discurso de nossos autoritários voltou-se para a figura carismática do presidente, que assumira o papel de encarnar a nação e de ligar os fios do tecido social, de baixo para cima, embora não se desprezasse o papel intermediário das lideranças funcionais. Assim, em um dos muitos textos de combate ao sistema de partidos e principalmente ao partido único, Oliveira Viana sustenta que o ideal do Estado Novo é ter um chefe de Estado que não seja um chefe de partido, mas uma autoridade que se coloque acima das facções partidárias e grupos de qualquer natureza, de modo a poder dirigir a nação do alto, agindo como uma força de agregação e unificação e não como uma força de desagregação e luta.

A prática política do Estado Novo, sobretudo em seus primeiros tempos, correspondeu a essa perspectiva, tendo-se em conta o trabalho de construção do personagem Getúlio, o reforço de poderes em suas mãos, com apoio da elite militar e civil, a inexistência, na prática, de órgãos corporativos autônomos. Ressalve-se que a representação das "classes econômicas" existiu, mas sob a forma dos Conselhos Técnicos, alguns dos quais já criados antes do regime de 37, como órgãos de canalização de demandas, junto ao Executivo.

Entretanto, o Getúlio populista do fim do Estado Novo, apoiado no movimento queremista e por meio dele contando com o apoio do Partido Comunista, fugia ao modelo dos autoritários. Se havia afinidades entre os pensadores autoritários e as práticas populistas, quando se pensa na verticalidade das relações institucionais, no recurso à liderança carismática, havia diferenças significativas no tocante à ordem social e aos limites da manipulação das massas.

Os ideólogos autoritários, como já fizemos referência, promoveram o culto do Estado, como única instituição capaz de elevar o país ao nível de uma verdadeira nação. Em um texto de 1930, Oliveira Viana dizia:

> A subordinação dos interesses dos indivíduos, do grupo, do clã, do partido ou da seita ao interesse supremo da coletividade nacional — da Nacionalidade — exprime-se, para cada cidadão, na vida de todos os dias, pela capacidade de obediência e disciplina, pelo culto do Estado e da sua autoridade. Há lugar aqui para este raciocínio: *o sentimento nacional forte gera a subordinação do indivíduo ao grupo; esta subordinação gera a obediência ao Estado; a obediência ao Estado gera a força, a grandeza, o domínio*. (grifo do autor)

Esse Estado grandioso seria um organismo novo, muito diverso do controlado por políticos profissionais, porta-vozes de oligarquias mesquinhas, presas a seus interesses específicos. Aparentemente, a renovação passava pela emergência de elites esclarecidas, voltadas para o interesse geral, e pela formação de um núcleo mais amplo, representado pelos técnicos especializados. Ao enfatizarem o papel dessas elites, os pensadores autoritários estavam obviamente promovendo o estrato social a que pertenciam. Porém, seria falso deduzir daí que eles fossem simples arrivistas, buscando tão somente um nicho pessoal de poder, especialmente nos casos de Oliveira Viana e Azevedo Amaral.

Por sua vez, a insistência na constituição de uma verdadeira burocracia estatal, a serviço dos interesses coletivos, estava no ar do tempo e não era apanágio apenas dos pensadores autoritários. Os fatos viriam a se coadunar com tal visão, bastando considerar o papel que os quadros técnicos tiveram no processo de industrialização, a partir dos anos 1930.

O regime autoritário, por definição, deveria ter uma face repressiva para garantir a segurança nacional, diante de inimigos externos e internos. A ameaça subversiva, superdimensionada, arrastou aliás os liberais a contraditar o núcleo de suas idéias, apoiando práticas atentatórias à democracia em vários momentos da história brasileira, como ocorreu entre 1935-37 e, especialmente, na eclosão do movimento militar de 1964. De qualquer forma, é preciso distinguir: enquanto pensadores, os políticos liberais contraditaram suas idéias em nome de considerações pragmáticas e conjunturais; os autoritários defenderam a implantação de regimes de força, como uma necessidade histórica, em decorrência de suas convicções.

Sob esse aspecto, Francisco Campos foi quem mais se destacou, seja como teórico, seja como formulador da legislação repressiva ao longo de décadas. Oliveira Viana, quase sempre, deixou apenas implícito esse aspecto do regime autoritário e Azevedo Amaral chegou a formular distinções que aparentemente não agradariam a Francisco Campos. Ao tratar das relações entre o exercício da liberdade e a ação coercitiva e repressiva do Estado, Amaral distinguiu entre atividades suscetíveis de gerar efeitos indesejáveis para a segurança do Estado, tranqüilidade e prosperidade da nação, e as manifestações do espírito que se dirigissem à inteligência, insuscetíveis de excitar paixões sociais perigosas.

Exemplificando, o Estado deveria proibir a propaganda anti-religiosa, mas não as considerações filosóficas com esse conteúdo; da mesma forma, deveria proibir opúsculos incendiários de inspiração marxista, em tom capaz de excitar nas massas tendências à atuação violenta, mas não a venda e a leitura das obras de Marx. O recorte era francamente elitista: o postulado fundamental na matéria — dizia Azevedo Amaral — podia ser sintetizado na constatação de que o exercício da liberdade para exercer o pensamento deve ser diretamente proporcional à elevação intelectual e ao grau de apuro cultural da forma dada ao pensamento expresso.

Francisco Campos não se entregou a muitas sutilezas, em seu combate contra as "doutrinas exóticas", como revelam os dois exemplos abaixo, que poderiam ser multiplicados. Em um discurso proferido em Belo Horizonte, ao passar em revista integrantes da Legião de Outubro que ajudara a criar, dizia ele que defender a revolução brasileira significa "combater seus três inimigos: os oriundos do velho regime (governadores depostos, os aderentes hipócritas, os viciados e corruptos de toda espécie); os existentes nas fileiras da própria revolução (céticos, sem convicção) e os inimigos de origem externa pregoeiros de doutrinas políticas exóticas e inaplicáveis para a solução dos problemas brasileiros". Em um texto de 1940, afirmava:

> Há três laços que reúnem os homens — a religião, a família e a pátria. Mais do que ninguém, o comunismo sabe disso. Ele combate os três ao mesmo tempo ... As monstruosas ideologias internacionalistas visam apenas enfraquecer a humanidade no homem para transformá-lo mais facilmente em animal de um rebanho miserável, tangido pela fome e pelo medo.

A grande preocupação com a segurança nacional revelada por Francisco Campos encontrou plena correspondência no pensamento nacionalista autoritário-militar cujo maior representante foi o general Góes Monteiro, comandante militar na revolução de 1930 e figura central do Estado Novo, presente tanto na articulação do golpe quanto na queda de Getúlio em 1945.

Na realidade, os militares — dada a natureza da instituição de que fazem parte — pouco teorizam sobre os "males do Brasil" e suas soluções. Nem por isso, como se sabe, deixaram de ter uma importância decisiva na vida política brasileira, a partir de 1930, muitos deles articulando e dando sustentação ao regime autoritário. No plano do discurso, Góes Monteiro representou uma exceção.

O pensamento do general aproxima-se do formulado por Oliveira Viana, Azevedo Amaral, Francisco Campos, mas não se confunde com ele. As semelhanças são notórias: ataque, aliás em linguagem desabusada, ao liberalismo; horror ao federalismo; culto ao papel do Estado; insistência no tema da unidade com o objetivo de se construir a nação brasileira. Sob este último aspecto, Góes faz uma leitura em bloco do passado, opondo os tempos coloniais e do Império — que prepararam o Brasil para um destino à altura de suas possibilidades na América do Sul — aos tempos da República, regime malsinado, de tendências desagregadoras.

Entretanto, o general se aparta dos autoritários civis em alguns pontos. Por exemplo, no plano das instituições representativas, a opção pelo corporativismo não aparece em seus escritos, nos quais transparece por vezes a defesa de um partido único, como fórmula ao menos temporária para agregar os defensores dos interesses nacionais. Mas o ponto mais importante das diferenças localiza-se em uma visão militar específica.

Enquanto os autoritários civis não tinham maior simpatia por soluções militares e nem se dedicaram a tematizar o papel das Forças Armadas, Góes Monteiro insistiu na missão central do Exército como poder moderador. A instituição não deveria "fazer política", mas sim intervir diretamente na vida política, sempre que houvesse ameaça de desequilíbrio e de desordem na sociedade. O unitarismo no plano político, o desenvolvimento econômico promovido pela instalação de indústrias estatais de base, o reaparelhamento do Exército, a ampliação em larga escala do sistema educativo etc. tinham por objetivo a emergência do Brasil como potência média, tanto no plano externo quanto no interno. Para tanto, era necessário garantir a segurança interna e impor-se em um mundo destinado a confrontações armadas.

Em suas propostas de construção nacional, os pensadores autoritários não conferiram papel significativo à Igreja Católica, embora não a hostilizassem. Apenas Francisco Campos, ao insistir na importância da "recuperação de valores perdidos", ressaltou enfaticamente o papel da religião. Por exemplo, ao destacar a legitimidade da introdução, pelo governo Vargas (1931) do ensino religioso facultativo nas escolas públicas, dizia Campos:

> Ao passo que, sob a bandeira da doutrina liberal e em nome da liberdade de cátedra, era permitido o ensino das mais extravagantes e destemperadas teorias e às escolas se franqueavam todas as superstições científicas e todas as cosmogonias, teodicéias, sob o rótulo fraudulento de ciência, fechavam-se à religião as portas das escolas como se se tratasse de uma expressão espúria da natureza humana.

Lembremos porém que, ao mesmo tempo, Campos defendia a renovação escolar proposta pela Escola Nova, integrada por nomes como Anísio Teixeira, Fernando de Azevedo e Lourenço Filho, o que sugere o caráter essencialmente pragmático da defesa do ensino religioso, por parte do autor.

Conclusões

No arco da direita, cada corrente teve êxitos e fracassos em doses desiguais. O integralismo, como movimento de massa, caracterizou-se por uma vida ruidosa, mas efêmera, ficando imprensado entre o catolicismo conservador e os autoritários, admitidas as afinidades recíprocas.

Os católicos tiveram considerável êxito nos anos 30 e 40, contando com o apoio de um cético Getúlio que sabia, entretanto, instrumentalizar a religião. Isso ficou demonstrado logo após a revolução de 1930, por meio do espetáculo simbólico de inauguração da estátua do Cristo Redentor no Corcovado e pela introdução do ensino religioso facultativo nas escolas públicas. A Liga Eleitoral Católica (LEC), criada em 1932, teve grande influência na eleição à Constituinte de 1933-34 e, mais tarde, em eleições que se seguiram à democratização do país. A LEC tinha por objetivos principais sensibilizar os católicos para os problemas políticos e obter dos partidos e candidatos o compromisso de votar de acordo com os princípios da Igreja, nas questões básicas da religião, da família e da educação. Desse modo, a LEC distinguia entre candidatos que mereciam seu apoio ou pelo menos sua complacência e entre candidatos que eram formalmente vetados.

No que diz respeito aos pensadores autoritários, cabe lembrar que, embora não estivessem à frente de um movimento — até porque não era esse seu papel —, tiveram considerável influência intelectual entre 1930-45, quando o quadro mundial e os dilemas internos do país, como já salientamos, pareciam dar razão a seus argumentos. A rigor, todos os atores sociais e políticos, com os militares à frente, e à exceção de um punhado de liberais, ouviram a voz dos autoritários. Afinal de contas, o "fetiche democrático" estava aparentemente desmoralizado e a afirmação do país como nação, assim como o desenvolvimento econômico, pareciam depender de um sistema político "forte".

O Estado Novo representou o apogeu dos ideólogos autoritários que constituíam um grupo amplo, não redutível a suas principais estrelas. Eles estiveram presentes nos campos mais diversos, da economia à cultura, e tiveram canais de expressão em jornais e revistas controlados ou censurados pelo governo. É o caso da revista *Cultura Política,* publicada entre março de 1941 e outubro de 1945, sob a direção de Almir de Andrade. Tratava-se de uma publicação oficial do regime, vinculada ao Departamento de Imprensa e Propaganda, com o objetivo de promover o debate dos problemas nacionais, ressaltando o ideário estadonovista. Apesar de seu caráter oficial, *Cultura Política* obteve a colaboração de intelectuais que faziam restrições e até se opunham ao Estado Novo. Por essa via, a revista foi um instrumento da cooptação que o regime tratou de promover, preferindo esse caminho, sempre que possível, ao da repressão aberta aos intelectuais.

A queda do Estado Novo teve como uma de suas conseqüências a desvalorização do pensamento explicitamente autoritário. Mas a avaliação que alguns sociólogos e historiadores vieram a fazer mais tarde do regime de 37 e a valorização da figura de Getúlio Vargas indicam que a via autoritária vem sendo encarada com compreensão em muitos círculos. A tendência de se justificar o regime autoritário como caminho necessário para se realizar, nos anos 30, o projeto maior de desenvolvimento econômico do país, por meio da industrialização, contrapôs-se a outras interpretações que tendem a dar relevo às violências praticadas no curso da ditadura. Sem adotar o maniqueísmo de uma ou outra dessas interpretações, parece claro o fato de que a tentação autoritária e, de certo modo, a "reabilitação" de seus ideólogos esteve presente na cena brasileira desde a queda de Getúlio em 1945 até dias recentes.

Em que medida as instituições criadas no Estado Novo perduraram após sua queda? Deixando de lado as marcas de uma cultura autoritária, anterior e posterior ao regime de 37, podemos dizer que a permanência das instituições nascidas ou consolidadas durante o Estado Novo ocorreu principalmente no campo da organização sindical e das relações entre capital e trabalho. Apesar do caráter democrático-liberal da Constituição de 1946, a estrutura corporativa manteve-se nessa área, chegando em parte a nossos dias. Os legisladores mantiveram as características do sindicato, como um organismo representativo, ao mesmo tempo, de trabalhadores e empresários, e como auxiliar do Estado. Perduraram também o regime de sindicato único e o imposto sindical — um instrumento destinado a sustentar o sindicato sem depender fundamentalmente da contribuição de seus associados.

O regime militar, cuja duração (1964-85) foi bem mais longa que a do Estado Novo, representou uma retomada das práticas autoritárias e de influência de pelo menos um de seus principais ideólogos — Francisco Campos, o único que estava ainda vivo naquele período.

Em muitos aspectos, assemelhou-se ao Estado Novo, mas em um novo contexto em que, apesar da guerra fria, os regimes autoritários, justificados como forma de combate ao comunismo, hesitavam em reconhecer explicitamente as supostas virtudes do autoritarismo. A repressão, a violência e a tortura contra os inimigos ou adversários do regime, a suspensão de direitos civis e políticos, a censura aos meios de comunicação ocorreram em um grau de extensão inédito na história brasileira. Por certo, a legislação excepcional e a prática do Estado Novo ecoaram na modelagem do regime militar. Mas, ao mesmo tempo, mantiveram-se algumas fórmulas próprias das instituições democráticas, ainda que mais na aparência do que na realidade. O Congresso Nacional funcionou na maior parte do período, a existência de partidos foi aceita, embora nos estreitos limites do bipartidarismo, os generais se revezaram no poder sob o manto das "eleições" indiretas.

Se a proposta autoritária deve ser repelida, ela toca em problemas sérios da democracia, ao tratar de destruí-la. Estou me referindo à desqualificação das regras democráticas, tidas como meramente formais, sendo incapazes de dar corpo a uma verdadeira representação popular, além de parecerem constituir um empecilho para a promoção da justiça social. Oliveira Viana, por exemplo, insistia em um tema com ressonâncias atuais, guardadas as diferenças. Para ele, a garantia de direitos políticos tinha importância secundária em nosso país, diante da necessidade de se promoverem os direitos civis. Em suas palavras, desde o primeiro dia da Independência, os políticos brasileiros têm errado como homens de doutrina e como homens de ação. Sua obsessão, no sentido de concretizar a liberdade política por meio de Constituições, lutas, sistemas eleitorais diversos, não faria sentido em um país cujos cidadãos, principalmente os das classes populares, não conseguiram ainda assegurar sua liberdade civil.

Em nossos dias, se já não se discute a importância do "formalismo democrático" — alvo no passado das investidas não só da direita como também da esquerda —, subsiste o problema do que se tem chamado de democracia sem cidadania, que se origina na carência de direitos civis, de uma parcela ponderável da população marginalizada.

Ao tratarem de demonstrar o caráter anacrônico das instituições democráticas, os pensadores autoritários apontaram para outra questão delicada: a da compatibilização de algumas de suas instituições com as necessidades ditadas por um novo tempo, em que novas e complexas relações sociais e econômicas passavam ao primeiro plano.

Se as soluções propostas pelos autoritários para a divisão de poderes é inadequada, sendo na época um instrumento ideológico para justificar o Estado Novo, nem por isso eles deixam de apontar para um problema real e contemporâneo. A tendência à absorção da competência básica do Poder Legislativo, por parte do Executivo, é comum aos regimes presidencialistas democráticos, sendo justificada por razões de necessidade e urgência. Hoje parece claro que a divisão tradicional de poderes, em sua forma originária, e o lento ritmo legislativo já não se sustentam, dada a natureza das novas realidades do mundo. Não se trata de converter o Legislativo em mero carimbo de iniciativas do Executivo, nem de politizar o Judiciário, ou, se quiserem, de "judicializar" a política. Trata-se de encontrar uma nova fórmula de atribuições e um novo ponto de equilíbrio entre os três poderes, que ainda não foram alcançados.

Para terminar, em uma época em que se tornou moda a relativização de conceitos e de comportamentos, convém enfatizar o caráter antidemocrático, racista e elitista dos pensadores autoritários. Não me parece porém que se deva ignorar seu significado histórico, assim como o valor de algumas de suas percepções. Fico aqui apenas com um exemplo de Azevedo Amaral, que o distingue de seus confrades autoritários e faz sentido aos nossos ouvidos. Escrevendo em 1934, dizia ele:

> Em um mundo que se torna de dia para dia menor pela multiplicação dos meios de aproximação internacional, ... somos forçados a examinar como nossos todos os problemas que surgem nesta fase de transição e conflito de tendências contraditórias. Os problemas brasileiros são os problemas mundiais, o que não implica em dizer-se que as peculiaridades do nosso ambiente não refractem os aspectos nacionais daquelas questões, ao ponto de dar-lhes por vezes uma fisionomia inteiramente diferente.

Em suma, temos boas razões para não gostar dos nacionalistas autoritários, mas, em vários aspectos, não podemos considerá-los como simples relíquias do passado.

Cronologia

1914 Eclosão da Primeira Guerra Mundial, envolvendo as principais potências européias e os Estados Unidos.

1917 Revolução de Fevereiro na Rússia, derrubando o regime czarista; em outubro, os bolcheviques tomam o poder, sob a liderança de Lenin e Trotsky. Publicação dos livros de Alberto Torres *O problema nacional brasileiro* e *A organização nacional*.

1918 Fim da Primeira Guerra Mundial, com a derrota da Alemanha e do Império Austro-Húngaro.

1920 Oliveira Viana publica o primeiro volume de *Populações meridionais do Brasil*.

1922 Marcha dos fascistas sobre Roma. Mussolini toma o poder na Itália.

1927 Oliveira Viana publica *O idealismo da Constituição*. Uma nova edição ampliada apareceu em 1939.

1929 Início da crise econômica mundial, cujos efeitos se prolongarão pela década de 30.

1930 Revolução de Outubro; Getúlio Vargas ascende ao poder, permanecendo como Chefe do Governo Provisório até 1934. Publicação dos livros *Problemas de política objetiva*, de Oliveira Viana, e *Estudos brasileiros*, de Azevedo Amaral.

1932 Fundação da Aliança Integralista Brasileira, movimento fascista liderado por Plinio Salgado. Revolução paulista contra o governo federal, defendendo a constitucionalização do país; é derrotada após meses de combate.

1933 Hitler assume o poder na Alemanha. Eleições no Brasil para a Assembléia Constituinte.

1934 Publicação de *O Brasil na crise atual,* de Azevedo Amaral. Promulgada a Constituição da República. Getúlio Vargas eleito presidente pelo voto do Congresso.

1935 Insurreição comunista sufocada pelo governo Vargas.

1937 Golpe do Estado Novo; Getúlio assume poderes ditatoriais.

1938 Facção integralista tenta um golpe fracassado contra o governo. Publicação do livro de Azevedo Amaral *O Estado autoritário e a realidade nacional.*

1939 Em setembro, início da Segunda Guerra Mundial.

1940 Publicação do livro de Francisco Campos, *O Estado nacional,* contendo textos e discursos dos anos 30.

1942 O Brasil declara guerra contra as potências do Eixo (Alemanha, Itália e Japão), ao lado das forças aliadas.

1945 Termina a Segunda Guerra Mundial. Queda de Getúlio Vargas; fim do Estado Novo.

Referências e fontes

Antônio José de Azevedo Amaral, de consulta básica no assunto, contribuiu mais pontualmente com as obras *Estudos brasileiros* (Rio de Janeiro, 1930), que traz a idéia de eugenia referida à página 43; *O Brasil na crise atual* (Rio de Janeiro: Companhia Editora Nacional, 1934), de onde foi retirada a citação da página 72; e *O Estado autoritário e a realidade nacional* (Rio de Janeiro, 1938), de onde provêm as citações presentes às páginas 47 e 53-4, bem como suas idéias sobre a Primeira República (p.36-7), racismo (p.43-4) e liberdade de pensamento (p.62).

Álvaro Bomilcar. *A política no Brasil ou o nacionalismo radical.* Rio de Janeiro, 1920.

Francisco Campos teve citados seus livros *Opiniões e debates* (Belo Horizonte, 1921), na página 55; *O Estado nacional* (Rio de Janeiro: José Olympio, 1940), na página 52; e *Educação e cultura* (Rio de Janeiro: José Olympio, 1940), nas páginas 63 e 65. Seu *Atualidade de Dom Quixote*, mencionado à página 48, é de 1967 (Belo Horizonte: Imprensa Oficial). Todas as citações, com exceção das de *O Estado nacional*, foram extraídas do livro *Ideologia autoritária no Brasil, 1930-1945*, de Jarbas Medeiros (Rio de Janeiro: Ed. da FGV, 1978).

Fernando J. Devoto. *Entre Taine y Braudel. Itinerarios de la historiografía contemporánea.* Buenos Aires: Biblos, 1992.

A citação sobre os três inimigos da revolução brasileira (p.xx) foi retirada do *Dicionário histórico-biográfico brasileiro.* Rio de Janeiro: Forense Universitária/CPDOC-FGV/Finep, 1984.

François Furet. *Le passé d'une Ilusion.* Paris: Robert Laffont, 1995.

Eric Hobsbawm, *A era dos extremos.* São Paulo: Companhia das Letras, 1995.

Mihail Manoilescu. *O século do corporativismo.* Rio de Janeiro: José Olympio, 1938.

Remond, René. *Les droites en France.* Paris: Aubier, 1982.

Alberto Torres. *O problema nacional brasileiro* e *A organização nacional* (Rio de Janeiro: Imprensa Nacional, 1914, ambos), foram citados às páginas 25 e 34, o primeiro, e 26-7, o segundo. Foi deste último título que se extraiu a idéia de racismo mencionada às páginas 39-40.

Francisco José de Oliveira Viana foi citado às páginas 31 e 42 (*Populações meridionais do Brasil.* São Paulo, 1920), 55 e 56-7 (*O idealismo da Constituição.* Rio de Janeiro, [1927] 1939. No caso das duas últimas páginas, o texto original é de 1922) e 31, 51 e 60 (*Problemas de política objetiva.* Rio de Janeiro, 1930). É também deste último título que se extraem suas idéias sobre direitos políticos e civis mencionadas às páginas 70-1. Cabe lembrar ainda seu livro *Raça e assimilação* (Rio de Janeiro, 1932).

O resumo do pensamento militar de Góes Monteiro baseia-se em "O pensamento político e militar do general Góes Monteiro", dissertação de mestrado de Marcelo José Ferraz Suano, Departamento de Ciência Política da FFLCH-USP, 1997.

Sugestões de leitura

- Bastos, Elide Rugai e João Quartim de Moraes (orgs.). *O pensamento de Oliveira Viana*. São Paulo: Unicamp, 1993. Bons ensaios, sendo a melhor síntese do pensamento de Oliveira Viana.

- Beired, José Luis Bendicho. *Sob o signo da nova ordem. Intelectuais autoritários no Brasil e na Argentina*. São Paulo: Loyola, 1999. Excelente na abrangência do arco da direita e como estudo comparativo.

- Marson, Adalberto. *A ideologia nacionalista em Alberto Torres*. São Paulo: Duas Cidades, 1979. Análise bem equilibrada do pensamento de Torres.

- Lamounier, Bolivar. "Formação de um pensamento político autoritário na Primeira República: uma interpretação", in *História geral da civilização brasileira* (org. Boris Fausto), Tomo III, v.2. São Paulo: Difel, 1977. Texto que se tornou clássico na análise de uma "ideologia de Estado".

- Medeiros, Jarbas. *Ideologia autoritária no Brasil, 1930-1945*. Rio de Janeiro: Ed. da FGV, 1978. Muito útil, sobretudo pela profusão de análise das citações.

- Piva, Luiz Guilherme. *Ladrilhadores e semeadores. A modernização brasileira no pensamento político de Oliveira*

Viana, Sérgio Buarque de Holanda, Azevedo Amaral e Nestor Duarte (1920-1940). São Paulo: Editora 34, 2000. Estudo inovador, enfatizando semelhanças entre os autores estudados.

• Oliveira, Lúcia Lippi. *A questão nacional na Primeira República.* São Paulo: Brasiliense, 1990. Bastante significativo como análise das várias correntes, sobretudo do "nacionalismo carioca".

• Ventura, Roberto. *Estilo tropical. História cultural e polêmicas literárias no Brasil, 1870-1914.* São Paulo: Companhia das Letras, 1991. Ver sobretudo a Parte I, com um bom tratamento sobre a mestiçagem.

• Dado o formato da coleção, não foi possível citar a cada passo autores em que me inspirei. Destaco o livro de José Luis Bendicho Beired e o de Lúcia Lippi Oliveira, este principalmente na parte referente aos nacionalistas anteriores à década de 20, assim como a obra coletiva sobre Oliveira Viana organizada por Élide Rugai Bastos e João Quartim de Moraes.

Sobre o autor

Boris Fausto, nasceu em São Paulo em 1930. É bacharel em direito (1953) e licenciado em história (1967), pela Universidade de São Paulo (USP). Foi assessor jurídico e é professor aposentado do Departamento de Ciência Política da Faculdade de Filosofia, Letras e Ciências Humanas da Universidade, onde obteve os títulos de doutor e de livre-docente, respectivamente, pelos Departamentos de História e Ciência Política.

Vem lecionando em várias universidades e instituições do exterior, como a Brown University, o St. Antony's College de Oxford, a Universidade Federal de Mar del Plata, o Instituto Ortega y Gasset de Madrid, o Wilson Center, do Smithsonian Institute. Foi bolsista da "Guggenheim Foundation" e do "Social Science Research Council".

Dentre suas publicações destacam-se *A Revolução de 1930* (1970); *Trabalho urbano e conflito social* (1976); *Crime e quotidiano* (1984); *História do Brasil*, (1994). Organizou os volumes relativos ao período republicano da *História da civilização brasileira* e o livro *Fazer a América* (1999).

Coleção Descobrindo o Brasil

direção: Celso Castro

A modernização da imprensa (1970-2000)
Alzira Alves de Abreu

O Brasil no império português
Janaina Amado e Luiz Figueiredo

Os intelectuais da educação
Helena Bomeny

A era do rádio
Lia Calabre

A invenção do Exército brasileiro
A proclamação da República
Celso Castro

O Estado Novo
Maria Celina D'Araujo

A belle époque amazônica
Ana Maria Daou

O livro e a leitura no Brasil
Alessandra El Far

O pensamento nacionalista autoritário
Boris Fausto

Os índios antes do Brasil
Carlos Fausto

Os brasileiros e a Segunda Guerra Mundial
Francisco César Ferraz

Rebeliões no Brasil Colônia
Luciano Figueiredo

Palmares, ontem e hoje
Pedro P. Funari e Aline V. Carvalho

A arte rupestre no Brasil
Sambaqui: arqueologia do litoral brasileiro
Madu Gaspar

As formas do espaço brasileiro
Pedro Geiger

Cidadania e direitos do trabalho
Angela de Castro Gomes

Negros e política (1888-1937)
Flávio Gomes

Código Civil e cidadania
Keila Grinberg

Como falam os brasileiros
Yonne Leite e Dinah Callou

Uma viagem com Debret
Valéria Lima

O nascimento da imprensa brasileira
Isabel Lustosa

Escravidão e cidadania no Brasil monárquico
Hebe Maria Mattos

Os evangélicos
Clara Mafra

O sindicalismo brasileiro após 1930
Marcelo Badaró Mattos

O período das Regências (1831-1840)
Marco Morel

Da Bossa Nova à Tropicália
Santuza Cambraia Naves

Arqueologia da Amazônia
Eduardo Góes Neves

História do voto no Brasil
Jairo Nicolau

O Brasil dos imigrantes
Lucia Lippi Oliveira

Política externa brasileira
Leticia Pinheiro

Ditadura militar, esquerdas e sociedade
Daniel Aarão Reis

A Independência do Brasil
Iara Lis C. Souza

Partidos políticos no Brasil (1945-2000)
Rogerio Schmitt

O Império em procissão
Lilia Moritz Schwarcz

Modernismo e música brasileira
Elizabeth Travassos Lins

A fotografia no Império
Pedro Karp Vasquez

Brasil de todos os santos
Ronaldo Vainfas e Juliana Souza